FOLAMMBO

OU LES

COCASSERIES CARTHAGINOISES

PIÈCE EN QUATRE TABLEAUX... DE MOEURS... CARTHAGINOISES
EN VERS DE PLUSIEURS PIEDS, MÊME DE PLUSIEURS TOISES;
ÉMAILLÉE DE COUPLETS, COMME LES VERS BOITEUX,
AVEC PROLOGUE EN PROSE ET D'UN FRANÇAIS DOUTEUX

PAR

MM. LAURENCIN et CLAIRVILLE

Représentée, pour la première fois, à Paris, sur le théâtre du PALAIS-ROYAL,
le 1er mai 1863.

PARIS

MICHEL LÉVY FRÈRES, LIBRAIRES ÉDITEURS

RUE VIVIENNE, 2 BIS, ET BOULEVARD DES ITALIENS, 15

A LA LIBRAIRIE NOUVELLE

—

1863

PERSONNAGES CARTHAGINOIS

FOLAMMBO, jeune personne de grande famille,
adorant Tanit (Tanit c'est la lune). Elle adore la
lune et Nazô . . . . Mlle SCHNEIDER.

NAZO, jeune Lybien, victime de la pêche à la ligne
et d'un physique trop avantageux . . . . MM. HYACINTHE.

LORD HAVAS, roi des Numides, personnage très-
traître, mais gentil tout de même. . . . . FIZELIER.

SHAHABAHIM, grand prêtre de la lune; signe
particulier : homme singulier. . . . . GIL-PÉRÈS.

AHNON, hideux de physique, mais beau de carac-
tère. . . . . LASSOUCHE.

NOTA. Dans l'intérêt des spectateurs, les auteurs ont cru devoir dissi-
muler les cocasseries personnelles de ce personnage; il ne sera pas plus
vilain que les autres.

CHIPPIUS, ami de Nazô, esclave grec de naissance
et de profession. . . . . BONNET.

CARTHAGINOIS, NUMIDES, LYBIENS, BALÉARES, GAULOIS, SAM-
NITES ET UNE FOULE D'AUTRES.

PERSONNAGES NON CARTHAGINOIS

UN GROS MONSIEUR. . . . . MM. PELLERIN.

UN MONSIEUR SEC. . . . . THIERRY.

UNE DAME, tenant à Folammbô de très-près, quoi-
que s'en trouvant séparée de très-loin. . . . . Mmes THIERRET.

UNE JEUNE DAME très-ingénue. . . . . DUCELLIER.

ALFRED, son mari. . . . . M. FÉLICIEN.

La scène se passe à Carthage et dans la salle du Palais-Royal, à Paris.

NOTA. S'adresser pour la mise en scène détaillée, à M. Guénée, régisseur
de la scène du théâtre du Palais-Royal, et pour la musique, à M. Victor
Robillard, chef d'orchestre du théâtre.

Toutes les indications sont prises de la droite des spectateurs.

FOLAMMBO

OU LES

COCASSERIES CARTHAGINOISES

On vient de jouer l'ouverture. — Le rideau ne se levant pas, un des personnages passe la tête entre le rideau et le manteau d'Arlequin, et dit au chef d'orchestre :

Mademoiselle Folammbô n'est pas prête : recommencez !
(Le chef d'orchestre fait signe à ses musiciens de recommencer; mais on s'arrête au bruit qui se fait au balcon des premières. — Les personnages de la salle se placent ainsi : La petite dame et Alfred, balcon des premières, droite; le gros monsieur et le monsieur maigre même côté, mais plus loin; la dame, à gauche, près l'avant-scène, presqu'en face d'Alfred et de la petite dame.)

UN GROS MONSIEUR, très-ventru, à un petit Monsieur sec.
Permettez, monsieur !

LE PETIT MONSIEUR.
Plaît-il, monsieur ?

LE GROS MONSIEUR.
Permettez que je passe à ma place.

LE PETIT MONSIEUR.
Votre place, où est-elle ?

LE GROS MONSIEUR.
Celle après la vôtre. (Il veut passer.)

LE PETIT MONSIEUR.
Ça ne se peut pas.

LE GROS MONSIEUR.
Parce que ?

LE PETIT MONSIEUR.
Parce que !... Que diable, monsieur... lorsqu'on a une place et un abdomen pareils, on s'arrange pour ne pas arriver le dernier.

LE GROS MONSIEUR.
Le dernier, moi?... mais je suis venu louer mon fauteuil il y a quinze jours... J'ai été le premier inscrit sur la feuille... je vous trouve joli, par exemple !...

LE PETIT MONSIEUR.

Que vous me trouviez joli... vous n'êtes pas le seul...

LE GROS MONSIEUR, ricanant.

Ah! ah! ah! Manière de parler... vous pensez bien...
Je trouve au contraire que votre physique...

LE PETIT MONSIEUR.

La question n'est pas là.

LE GROS MONSIEUR, brusquement.

Elle est que si vous ne vous rangez pas pour me laisser
passer, je vous flanque dans l'orchestre.

LE PETIT MONSIEUR, se levant vivement et très-poliment.

Il suffit, il suffit... du moment, monsieur, que vous m'en
priez... (Criant.) Ah! ah! mais, sapristi, vous m'écrasez!...
Ah! les pieds!...

LE GROS MONSIEUR.

Allons donc!... je ne vous touche pas... voilà mes mains...
Non, décidément, j'aime mieux passer dans l'autre sens...
(Il se retourne et passe.) Il est commode, ce théâtre! mais très-
gênant... (Arrivé à son fauteuil.) Ouf!... (Il s'essuie le front.) Je
n'ai pas un fil de sec!...

LE PETIT MONSIEUR, assis.

Ce sera bien agréable pour ses voisins.

LE GROS MONSIEUR, au petit.

Maintenant, monsieur, si vous tenez à savoir pourquoi
j'ai voulu avoir cette place...

LE PETIT MONSIEUR.

Ça m'importe peu.

LE GROS MONSIEUR.

C'est qu'on m'a dit que dans *Folammbô* il y a beaucoup
de massacres : je veux en jouir.

LA JEUNE DAME, au balcon des premières.

Des massacres!... il va y avoir des massacres?... Alfred,
allons-nous-en.

ALFRED.

Mais non, ma petite femme, n'aie donc pas peur.

LA JEUNE DAME.

Moi, d'abord, je viens ici pour voir jouer des pièces mo-
rales, mais folichonnes, et si l'on se met à s'y massacrer
comme à l'Ambigu... (Elle veut sortir.)

ALFRED, la retenant.

Quand je te dis qu'il n'y aura pas de massacres...

LE GROS MONSIEUR, se levant.

Pas de massacres?... Alors, c'est moi qui m'en vais!...
(Il veut sortir.)

LE PETIT MONSIEUR, effrayé.

Est-ce qu'il va repasser ?...

LE GROS MONSIEUR.

Je ne suis venu que pour ça... On m'a dit qu'il y en avait plusieurs douzaines...

LA PETITE DAME, se levant.

O ciel !... Alfred, allons-nous-en !...

ALFRED.

Je t'assure qu'il n'y en aura pas !

LE GROS MONSIEUR, criant.

Ah! ah! ah !... elle est charmante, cette jeune dame, avec sa frayeur... ce sont de nouveaux mariés. (S'asseyant.) Ah çà ! voyons, il faudrait le savoir, pourtant... Moi, je ne connais pas *Folammbô :* je suis marchand de vins en gros...

LE PETIT MONSIEUR, ricanant.

En très-gros.

LE GROS MONSIEUR.

Je n'ai guère le temps de lire des romans.

LE PETIT MONSIEUR, avec un air de surprise indignée.

Vous n'avez pas lu *Folammbô !* cette peinture merveilleuse des mœurs carthaginoises et de la société pudique... non, punique ? le chef-d'œuvre de la littérature moderne ! Tout le monde vous le dira. Vous n'avez pas lu *Folammbô* ?...

LE GROS MONSIEUR, confus.

Je ne l'ai pas lu... Et vous ?...

LE PETIT MONSIEUR, se rasseyant.

Ni moi non plus !

LE GROS MONSIEUR, se levant.

Mais il ne doit pas manquer de gens ici qui pourront nous renseigner? (Il interroge ses voisins du regard puis cherche dans la salle.) Comment !... personne ne connait ce livre si connu ?... personne ?...

LA DAME, au balcon des premières, côté gauche, près l'avant-scène.

Si fait, moi !

LE GROS MONSIEUR.

Ah ! enfin !... Y a-t-il des massacres, madame ?... (Il s'assied.)

LA DAME.

Dans le livre, oui.

LA JEUNE DAME, se levant.

Alfred, allons-nous-en !

ALFRED, la retenant.

Eh ! non, cette dame se trompe : elle ne connaît pas *Folammbô.*

LA DAME, se levant vivement.

Je ne connais pas Folammbô, moi !... moi, sa sœur ?...

LE GROS MONSIEUR.

Vous seriez une demoiselle Folammbô ?

LA DAME.

Non, monsieur, mais nous eûmes le même père. (Elle se rassied.)

LE GROS MONSIEUR.

Ah ! bon !... (A ses voisins.) C'est madame Bov... Je connais son histoire, à celle-là ! (Riant.) Ah ! ah ! ah ! une gaillarde !...

LE PETIT MONSIEUR.

Madame, alors, est une sœur aînée ?...

LA DAME.

Oui et non ; — ma sœur, qui vivait à Carthage il y a deux mille deux cent cinquante ans, est venue au monde six ans après moi, qui suis née en 1857.

LE GROS MONSIEUR, se récriant.

Elle vivait il y a deux mille deux cent cinquante ans, et elle est venue au monde après vous, qui n'avez que six ans ?...

LA DAME.

Je suis venue au monde il y a six ans, mais je suis plus âgée que ça.

LE GROS MONSIEUR.

Ah !... je disais aussi...

LA DAME.

Dans notre famille, à quelque âge qu'on y entre, on ne date que du jour de sa naissance.

LE GROS MONSIEUR.

Ah ! est-ce assez étonnant! C'est exactement comme dans la mienne.

LA DAME.

Si bien que ma sœur, quoique plus vieille, est plus jeune.

LE GROS MONSIEUR, se tenant la tête dans ses mains.

Sapristi !... sapristi !... je n'y comprends plus rien du tout.

LA DAME.

C'est pourtant bien simple... Ma sœur, née il y a six mois, est, avec ses deux mille deux cent cinquante ans, plus jeune que moi avec mes trente-six. (Se reprenant vivement.) Vous me faites dire des bêtises... avec mes vingt-neuf ans... c'est bien clair.

LE PETIT MONSIEUR.

Ça se comprend parfaitement.

LE GROS MONSIEUR.

Parfaitement !... (A part, s'essuyant le visage.) Me revoilà en eau !... Enfin, nous allons voir manger les Carthaginois ; du moins, on m'a dit qu'ils se régalaient de sautereiles frites, de hannetons farcis et de vipères !... Est-ce que mademoiselle votre sœur en mange ?...

LA DAME.

Des vipères ?... Pourquoi pas ?... Avec ça qu'en France il manque de gens à qui l'on fait avaler des couleuvres !...

LE GROS MONSIEUR, riant.

Ah ! ah ! ah ! oui... (A ses voisins.) Son mari en sait quelque chose... Elle a de l'esprit ; elle me plaît... J'aime les femmes à la fois spirituelles et corpulentes, moi !... (On frappe les trois coups.)

LA DAME.

Chut !... on va commencer !... (On reprend la fin de l'ouverture. — Le rideau se lève.)

PREMIER TABLEAU

Un jardin. — Au fond, un grand et large escalier, conduisant au palais. — Çà et là, des tables renversées. — Des outres; des coupes. — A gauche, une grosse pierre moussue servant de banc rustique. — A droite, une porte secrète, premier plan. — A terre, des fruits, des vipères, poulets, gigots, etc., etc.; grand désordre; plusieurs troncs de colonnes servent de bancs et de tables où l'on pose les mets.

SCÈNE PREMIÈRE

CHIPPIUS, Mercenaires, puis AHNON.

Les mercenaires sont, les uns couchés à droite et à gauche et sur les marches conduisant au palais; d'autres sont debout, ils boivent et mangent. Chippius entre portant un panier rempli de bouteilles et suivi de deux échansons qui versent à boire aux mercenaires.

CHŒUR DES MERCENAIRES.

CHIPPIUS, entrant, troisième plan de gauche.

AIR : *De ma nièce et mon ours.*

Nous sommes maîtres de Carthage :
A nos amours, buvons, chantons.

TOUS.
Amis, chantons, trinquons, buvons.

CHIPPIUS.
Après la guerre et son carnage,
Ainsi nous nous reposerons.

TOUS.
Ainsi nous nous reposerons !...

CHIPPIUS, versant à boire aux mercenaires.

Le vin ne manquera pas, car
J'apporte celui d'Arriv'tar.
Les flacons,
Les tendrons
Appartiennent aux mercenaires ;
Aux tendrons,
Aux flacons,
Nous ferons
De nouvelles guerres.

LE CHŒUR.

Les flacons,
Les tendrons
Appartiennent aux mercenaires.

(Chippius verse.)

Aux tendrons,
Aux flacons,
Ah! que de guerres
Nous ferons!

TOUS.

Aimons, chantons, trinquons, buvons,
Rions, dansons, sautons, jurons,
Aux sons des joyeuses chansons,
Dansons!

(Après le chœur, grand tumulte, cris, hourras jusqu'à l'entrée d'Ahnon.)

AHNON, accourant; il descend vivement les marches du grand escalier; il tient une lunette d'approche; un petit nègre tient la queue de son manteau.

Paix donc! vous tairez-vous! quel bruit! quel brouhaha!
Vous troublez Folammbô *.

CHIPPIUS, lui frappant sur le ventre.

Ça va bien, gros papa?

AHNON, le lorgnant à bout portant.

Que vois-je?... par Moloch! croirai-je ma lunette?
Chippius, un gueux!

CHIPPIUS, effrontément.

Lui-même, ô vieillard malhonnête!

AHNON.

Chippius ici! ce grec, ce tricheur, cet escroc,
Que l'on vit à l'honneur faire plus d'un accroc,
Ce larron condamné pour vingt ans aux galères?...

CHIPPIUS.

Ce matin libéré par ces bons mercenaires!

(Il leur donne la main.)

Amis, ce gros viveur, ce poussah, c'est Ahnon!
Le trésorier! il vient pour vous payer.

AHNON.

Ah! non!

CHIPPIUS.

Allons, sans barguigner, vide ici ta sacoche;
On leur doit, tu le sais, trois mois de sou de poche.

* Chippius, Ahnon.

1.

AIR :

Ce sont vos amis, vos frères,
Et quand vous en êtes priés,
Payez ces braves mercenaires,
Car ce sont vos alliés, paye, paye, paye !
Payez !...

LE CHOEUR.

Paye, paye, paye !
Payez !

CHIPPIUS.

Vous les avez envoyés,
Au secours de Carthage,
Et s'ils vous ont volés,
Pillés, saccagés, étrillés,
Ravagés, saccagés,
Par eux vous fûtes vengés,
Vengés par leur courage ;
Et s'ils vous ont volés,
Ravagés, saccagés,
Etrillés, houspillés,
Ce sont vos amis, vos frères,
Et quand vous en êtes priés,
Payez ces braves mercenaires,
Car ce sont vos alliés ;
Paye, paye, paye,
Payez !

REPRISE DU CHOEUR.

Paye, paye, paye,
Payez !

LES MERCENAIRES, entourant Ahnon. Rhythme des lampions.

Notre argent, notre argent, notre argent, notre argent !

AHNON, à part.

Rusons. (Haut.) Soit, vous l'aurez.

LES MERCENAIRES, même rhythme.

Quand, quand, quand ?

AHNON.

Quand ? quand ? quand ? dès ce soir.

CHIPPIUS.

C'est un canard !

AHNON, jurant.

Sans feinte,

Je vous le jure ! mais il faut de cette enceinte
Au plus tôt déguerpir ; je paye *extramuros* :
A Tunis et Sicca se trouvent mes bureaux,
Vous partirez ?...

LES MERCENAIRES.

C'est dit.

AHNON.

Allez m'attendre.

CHIPPIUS, haussant les épaules.

Sous l'orme!

Tu veux nous faire aller, n'est-ce pas, vieil informe?

AHNON, solennellement.

Je le jure par tout ce qu'on voit de plus beau,
Par le soleil, la lune, enfin, par Folammbô!

CHIPPIUS, aux mercenaires.

Ce serment est bon teint et nous pouvons y croire;
Ahnon, à ta santé; maintenant, on va boire.

(Ahnon va partir, mais il tressaille, s'arrête et fait signe aux mercenaires
de se taire. A Chippius, en lui montrant la gauche.)

AHNON.

Vois! n'est-ce pas Nazô qui titube là-bas?

(Il fait le geste de chanceler.)

Nazô le Lybien, et le roi lord Havas.

CHIPPIUS.

Ils étaient aux viviers à pêcher à la ligne.

AHNON.

Dans les viviers du temple? ah! d'horreur je trépigne!...
Sur ces maudits, je vais aller crier haro.
Ses saints poissons pêchés! que dira Folammbô?...

(Il sort exaspéré par le grand escalier.)

SCÈNE II

LES MÊMES, NAZO et LORD HAVAS *. Nazô et lord Havas
entrent de gauche, deuxième plan, et tiennent de petits paniers de
pêcheurs et des lignes au bout desquelles pendent des poissons
dorés. Ils entrent en chantant.

AIR : *Amis, allons donc !*

Des étangs sacrés
Ces poissons dorés
Furent retirés.

TOUS.

Des étangs sacrés, etc.

NAZO.

Que ces poissons soient frits,
Et puissions-nous, amis,
Par ces poissons sacrés,
Etre mieux restauré!

* Nazô, Chippius, lord Havas.

REPRISE.

Des étangs sacrés, etc.

NAZO, à Chippius, en lui donnant sa ligne et ses poissons.
Tiens, Chippius.

LORD HAVAS, même jeu.
Prends ceci.

CHIPPIUS.
Voilà des chatteries!...

(Il sort, deuxième plan à droite, emportant les lignes et les paniers.)
LORD HAVAS*.
Nous venons tous les deux de faire des folies ;
Nous avons de poissons dépeuplé les étangs,
Et puis, après, coupé le nez des éléphants,
Le nez?... Mais non, pas le nez, je me trompe ;
    Ce nez-là s'appelle une trompe!...

NAZO.
Mais trompe ou nez, nez ou trompe, à présent
Les éléphants sacrés sont tous camards.

LES MERCENAIRES.
Charmant!...

NAZO.
La vie est vraiment douce en ces temps de pillage,
Nous fûmes appelés de cent pays lointains
Pour chasser les Romains

LORD HAVAS.
Qui menaçaient Carthage.

NAZO, riant.
Et les Carthaginois seront bientôt forcés...

LORD HAVAS, riant.
D'appeler les Romains pour nous chasser nous-mêmes.

NAZO, se posant.
Moi, Nazô le Lybien, fils de rois trépassés...

LORD HAVAS.
Moi, lord Havas, grand chef de tous ces déclassés...

NAZO.
J'éprouve à guerroyer des voluptés suprêmes !
J'aime parer mon front du laurier des vainqueurs,
J'aime prendre d'assaut femmes et villes fortes ;
Des villes que j'assiége et qui m'ouvrent leurs portes,

* Nazô, Chippius.

Des femmes que j'embrasse et qui m'ouvrent leurs cœurs,
Oui, j'aime...

(Pendant cette scène, on a enlevé tout ce qui avait servi au festin, ainsi
que les bancs ou pierres, excepté le banc de gauche et deux blocs de
pierre, un à droite et l'autre à gauche.)

LORD HAVAS, colère.

As-tu fini?...

NAZO.

Quelle scie!...

LORD HAVAS.

Nazô !

NAZO.

Plaît-il, monsieur?

(Lord Havas fait un geste de colère. Nazô, lui posant la main sur l'épaule
et le forçant à s'accroupir jusqu'à terre.

Sous ce bras fort je plie
Six hommes!... sois doux, ou je te désosserai!...

LORD HAVAS.

A moi!...

NAZO, le lâchant avec dédain.

Va, pygmée!...

LORD HAVAS, sournoisement.

Ah! je te repincerai!...

LES MERCENAIRES.

Vivat! gloire à Nazô!...

CHIPPIUS, rentrant avec une poêle à frire; il est suivi d'un mercenaire
qui porte un gros fourneau.

Que Folammbô va rire!...
Tous ses poissons sacrés dans la poêle à frire!

(Il s'assied sur le bloc de pierre au milieu du théâtre. Il montre les
poissons dans une poêle qu'il agite au-dessus d'un réchaud, et les fait
sauter au milieu des éclats de rire des mercenaires qui dansent autour
de lui. Lord Havas s'est assis à droite ; Nazô à gauche sur le banc de
gazon. Des soldats leur versent à boire.)

REPRISE DU CHŒUR BACHIQUE.

Les flacons,
Les tendrons,
Etc.

(Folammbô paraît sur les marches de l'escalier, fait un geste d'horreur en
poussant un grand cri. Le chœur s'interrompt. Tous s'arrêtent et se
taisent. Nazô et lord Havas se lèvent; tous se rangent à droite et à
gauche.)

SCÈNE III

LES MÊMES, FOLAMMBO, puis SHAHABAHIM. Folammbô,
les bras levés en l'air, le regard perdu dans le ciel, s'avance majes-
tueusement au milieu d'eux. Ils se rangent en silence sur son passage.
Elle marche à petits pas réglés par une chaînette d'or attachée à ses
chevilles et dont on entend le bruit.

FOLAMMBO.

AIR : Je suis Eros. (Psyché.)

Tanit ! Tanit ! déesse de Carthage,
    Vois tes poissons sacrés,
Frappe, Tanit, sans tarder davantage,
    Ces cœurs dénaturés !
Ah ! chers poissons, la lune était leur mère,
    Nourris par Folammbô :
Hier encore, ils étaient dans l'eau claire,
    Et voilà leur tombeau.
Reine du ciel, couvre-moi de ton voile,
    Ils sillonnaient les eaux,
Et maintenant ils sautent dans la poêle,
    Aux chants de leurs bourreaux,
Et cependant la foudre que j'implore,
    Ici n'éclate pas !
Toi, terre, toi !... tu ne t'es pas encore
    Ouverte sous leurs pas !
Poissons sacrés que j'adorais naguères,
    Eh quoi ! vous voilà frits ?...
    (Aux mercenaires.)
    Soyez maudits !... *

(Apercevant Nazô, elle s'arrête palpitante.)

O déesse, ô Tanit !... il est beau, ce Barbare
Ah ! qu'il est bien jambé, que son profil est rare !

NAZO, la regardant.

Quel œil carthaginois !

SHAHABAHIM, en dehors.

Folammbô ! Folammbô !

FOLAMMBO, baissant les yeux.

Ciel ! le grand prêtre !...

SHAHABAHIM **, entrant par la terrasse.

Ah ! la voilà, c'est elle !
Que faites-vous ici, mademoiselle,
Parmi ces mécréants ?...

* Nazô, Folammbô, Chippius, lord Havas.
** Nazô, Folammbô, Shahabahim, Chippius, lord Havas.

FOLAMMBO, montrant Nazô.

Mon père ! qu'il est beau !...

(Elle veut aller à Nazô.)

SHAHABAHIM, bas, l'arrètant.

Prends garde, enfant, prends garde à ta chaînette !

LORD HAVAS.

Ah ! qu'elle est belle !

NAZO, jaloux.

Assez !

LORD HAVAS.

Que de charmes, d'appas !...

NAZO, allant à lui.

Tu ne l'auras pas, Nic... lord Havas !

(Allant à Folammbô.)

A moi ! la belle fille !

LORD HAVAS.

A moi mon arbalête !

(Il décoche une flèche à Nazô.)

NAZO, furieux.

Enfer !...

(Il se retourne ; il a le nez traversé par une flèche.)

SHAHABAHIM, à Folammbô.

Tous deux prenons la poudre d'escampette * !

(Ils sortent par la droite. Nazô exaspéré saisit la roche moussue qui lui servait de siége et il en fait un bouclier. Lord Havas tire son sabre, menace Nazô ; les mercenaires les retiennent et les empêchent de se toucher.)

CHOEUR.

Guerre, mort et carnage !...
Brûlons, brûlons Carthage !...
Des armes ! combattons !... (*Ter.*)
Guerre, mort et carnage !...
Des armes, combattons !
Marchons !
Brûlons,
Carthage !

(A la fin du chœur, on entend des fanfares ; tous remontent à droite et à gauche, de manière à laisser le théâtre dégagé.)

* Nazo, Chippius, lord Havas.

SCÈNE IV

Les Mêmes, moins FOLAMMBO et SHAHABAHIM, AHNON,
sur la terrasse.

AHNON, tenant des sacs d'argent dans ses bras; il est suivi de deux petits
nègres qui en portent également.

Vite ! en route, mercenaires,
Vous serez tous payés, ô mes frères !
Partez, partez, sans souci,
Vous serez payés.

LES MERCENAIRES.

Quand ?

AHNON.

Vous serez loin d'ici !

LES MERCENAIRES.

Vite ! en route, mercenaires,
Plus jamais de combats ! plus de guerres,
Partons, partons sans souci.
Nous serons payés quand... nous serons loin d'ici.

(Ils défilent deux par deux, et sortent au dernier plan à gauche. Lord
Havas veut passer par le grand escalier, mais Ahnon l'en empêche et
le force à suivre les mercenaires.)

CHIPPIUS, qui, pendant le chant, a soigné Nazô.

Ton nez va-t-il mieux ?

NAZO, se levant, et n'ayant plus sa flèche au nez *.

Que m'importe !
Folammbô me ferme sa porte...

CHIPPIUS.

Mais je connais un secret.
Nous allons passer par la muraille.
(Il indique la porte secrète de droite.)

NAZO.

Quoi ! tu connais un secret ?

CHIPPIUS.

Sois discret !

NAZO.

Très-discret !

CHIPPIUS.

Fort discret,

NAZO.

Trop discret.

(On entend un grand bruit au dehors.)

(Parlé.) Qu'est ce donc ?...

* Nazô, Chippius.

CHIPPIUS, remontant.
O ciel ! les Barbares !
Ils massacrent les Baléares !
NAZO, même jeu.
Nos frères, nos amis !...
CHIPPIUS, se dirigeant vivement vers la porte secrète *.
Sort cruel et fatal !...
NAZO.
Bah !... ça m'est bien égal !...

(Chippius sort le premier par la porte secrète **, Nazo a tiré son briquet-
poignard, et le suit lentement. Tous les mercenaires reparaissent à la
queue leu leu, et défilent pendant tout le chœur. Ils sont armés de lances
et de boucliers. Ahnon, suivi de ses deux nègres, portant, comme lui,
des sacs d'argent, marche à la tête des chœurs qui forment dans leur
marche un 8, de façon que Ahnon soit toujours à la tête de la colonne.)

C'est encore une bataille,
Combattons et d'estoc et de taille !
Vengeons le trépas,
Des amis que sans doute on égorge là-bas !...

(Pendant le chœur et le défilé des mercenaires, le rideau baisse ; sur les
dernières mesures du morceau tous poussent de grands cris.)

ENTR'ACTE DU DEUXIÈME TABLEAU

LE GROS MONSIEUR, contrarié.
Allons, voilà qu'ils baissent le rideau juste au moment où
le massacre va commencer... (Se résignant.) Enfin !... Pardon,
madame, pourriez-vous me dire pourquoi cette petite chaîne
d'or qui attache les mignonnes chevilles de mademoiselle
Folanimbô ?
LA JEUNE DAME.
Oh ! oui, madame, oh ! oui, pourquoi ?
LA DAME.
Ma sœur est une prêtresse de Tanit, ou de la lune, comme
vous voudrez... elle a fait vœu de... de marcher toujours
droit dans le sentier de la vertu... et pour mieux régler le
pas des jeunes prêtresses...

* Chippius. Nazô.
** Nazô, Chippius.

LE GROS MONSIEUR.

On leur mettait une chaînette....

LE PETIT MONSIEUR, au gros.

Eh oui! comme aux montres... ça se comprend !

LA DAME.

C'est une invention carthaginoise.

LE GROS MONSIEUR.

Et fort cocasse.

LA PETITE DAME.

Mais c'est affreux, cette invention-là.

LA DAME.

On enchaînait la vertu pour... l'empêcher de glisser...

LE PETIT MONSIEUR, au gros.

Voilà!... (Il rit.) Ça se comprend !...

LE GROS MONSIEUR.

Dommage que ce ne soit pas la mode chez nous... ces chainettes-là... j'en aurais fait cadeau d'une à Joséphine.

LA DAME.

Joséphine !

LE GROS MONSIEUR.

Mon épouse... une étourdie... un vrai hanneton...

LA DAME.

Ça ne lui suffirait pas...

LA PETITE DAME.

Ah bien! si c'était la mode en France, c'est ça qui ferait aller la bijouterie!... (Riant.) Ah ! ah ! ah !...

LA DAME.

D'autant que ces chaînettes étaient très-fragiles... vous avez vu avec quel soin celle de Folammbô était surveillée par Shahabahim?

LE GROS MONSIEUR.

Plaît-il?

LA DAME.

Shahabahim...

LE GROS MONSIEUR.

Ah!... le petit vieux à lunettes?

LA DAME.

Oui, le petit vieux... c'est le grand prêtre.

LE GROS MONSIEUR.

Un drôle d'homme encore.

LE PETIT MONSIEUR.

Ni homme, ni femme.

LE GROS MONSIEUR.

Un Auvergnat?...

LE PETIT MONSIEUR.

Mais non!...

LA DAME.

A Carthage, les demoiselles de grande famille avaient, pour les accompagner, des espèces de... de duègnes... mâles...

LE PETIT MONSIEUR.

Comme à Constantinople, ça se comprend.

LE GROS MONSIEUR, vexé.

Vous m'ennuyez, vous ; vous avez toujours l'air de dire que je suis un imbécile !

LE PETIT MONSIEUR.

Ça se comprend.

LE GROS MONSIEUR.

Ah! mais, dites donc! (Ils se querellent; on frappe les trois coups au théâtre, le chef d'orchestre fait signe aux musiciens.)

LA DAME.

Messieurs, messieurs!...

LA PETITE DAME, à Alfred.

Je ne comprends pas non plus... Sais-tu ce que c'est, toi, Alfred ?

ALFRED.

Oui, oui!... (Il lui parle bas, elle éclate de rire.)

LE GROS MONSIEUR.

Ah! oui... j'y suis... je comprends aussi.

LE PETIT MONSIEUR, ricanant.

Vous m'étonnez! (Le gros monsieur lui tourne le dos.)

DEUXIÈME TABLEAU

Une chambre, style carthaginois. — A droite, un lit au pied duquel brûlent des lampadaires. Les rideaux du fond sont ouverts et laissent voir, dans une sorte de temple peu éclairé, un piédestal sur lequel est la statue de la déesse Tanit, couverte d'un grand voile sur lequel sont brodés des croissants, des lunes ; par terre, des nattes et des coussins ; au pied de la statue deux prêtres sont assis et dorment, l'un à droite, l'autre à gauche.

SCÈNE PREMIÈRE

FOLAMMBO, Prêtresses et Prêtres. Folammbô, assise à gauche, rêveuse et les yeux baissés.

ELOA, à Myrtis, contemplant Folammbô.
Vois donc comme, ce soir, elle est sombre et pensive,
Comme son cœur palpite.

MYRTIS, même jeu.
Elle est si sensitive !

ELOA.
Pourquoi toujours cet œil fixé sur le plancher ?
Qu'a-t-elle donc perdu ?

MYRTIS.
Que peut-elle y chercher ?

FOLAMMBO, relevant la tête.
Oui, qu'il était beau ce Barbare,
Au fort jarret, au profil rare !

MYRTIS.
D'un trait, le dieu malin peut-être l'a percée.

ELOA, vivement.
Oui, tu l'as deviné, notre sœur est pincée.

(Folammbô se parle bas et soupire.)
Que dit-elle ?...

˙ Folammbô, Eloa, Myrtis.

FOLAMMBO.

Nazô! Nazô!...

MYRTIS.

Qu'as-tu donc?

FOLAMMBO.

Rien.

ELOA.

Ma Folammbô,
De ce trouble profond, dis-nous au moins la cause.

FOLAMMBO, se levant.

Il fera jour demain; il est temps qu'on repose,
Bonsoir!

(Les prêtresses se posent sur des coussins à la tête du lit de Folammbô.)

Que le sommeil à toutes vous soit doux.

(Elles ronflent toutes sur un ton différent.)

Et qu'il me soit permis de dormir comme vous!

(Elle soupire profondément.)

AIR *de la Chaconne* (M. et Mme Denis.)

Pourquoi, c'est bizarre,
Ce Barbare,
Malgré moi m'occupe-t-il?
Je le vois encore
Et j'adore
Son profil...

(Elle se dirige vers le lit, s'y place; l'orchestre continue. Folammbô
reprend.)

Pourquoi, c'est bizarre, etc.

(Elle tombe sur son lit et s'endort en murmurant.)

Nazô!... Nazô!...

SCÈNE II

LES MÊMES, CHIPPIUS, NAZO*, puis SHAHABAHIM.

CHIPPIUS, paraissant à gauche derrière une portière qu'il vient d'écarter;
à Nazô qui le suit.

C'est ici.

NAZO, s'avançant un peu.

Folammbô?

CHIPPIUS, un plan au-dessus, la lui montrant.

La voilà!... De Tanit,
L'idole de Carthage et l'astre de la nuit,
Nous verrons la statue...

* Nazô, Chippius.

NAZO.

O déesse importune,
Quand je vois Folammbô, que m'importe la lune !...
Vois comme elle dort bien ! par ses attraits charmé,
Je rêve les éclairs de l'œil qu'elle a fermé.

CHIPPIUS, l'entraînant.

Viens !...

NAZO.

Qu'elle est belle !
(Ils rentrent par la portière.)

SHAHABAHIM, entrant.

La sentinelle
Ouvre l'œil !... C'est fort bien !... le ferme-t-on ici ?...
(Il examine les prêtresses qui ronflent plus fort.)
Oui, fort bien...

(Allant à Folammbô.)
Folammbô... tape de l'œil aussi...
(Se tournant vers la statue.)
O Tanit ! tu le vois, tout en tape en ton temple !
Folammbô de sagesse est le plus rare exemple !
(Il la contemple avec joie. Folammbo ronfle un peu.)
Qu'avec bonheur j'ouïs son petit ronflement !
Bonsoir, je vais aussi me mettre sur le flanc !...
(Il s'éloigne. Réfléchissant.)
Minute !... il faut de la prudence,
(Il fouille dans sa poche.)
Des gardiens on pourrait tromper la vigilance,
Pénétrer en ces lieux !... par Moloch ! si céans
On l'osait... si déhontés mécréans,
(Il sème çà et là des pois fulminants.)
Des bandits... je serais par ce fin artifice
Averti ; j'accours, et bientôt leur supplice
Te vengerait, Tanit !...

(Il salue Tanit et se dirige vers la droite. Au moment de sortir, il met le
pied sur un pétard qui éclate. Shahabahim saute. Les femmes font un
mouvement, puis se rendorment. Shahabahim regarde autour de lui d'un
air effaré.)

J'oubliais les pétards !...
(Il sort par le fond.)

SCÈNE III

Les Mêmes, NAZO, CHIPPIUS.

NAZO, à Chippius.

Le vieux a filé, viens !

CHIPPIUS.

Gare à ses traquenards !

(Ils s'avancent en regardant par terre.)

!NAZO.

Faut-il à ses beaux yeux subitement paraître ?

CHIPPIUS.

Non ! veux-tu de son cœur être à coup sûr le maître ?...

NAZO.

Oui, certes !

CHIPPIUS, montrant la statue.

De Tanit revets le voile.

NAZO, effrayé.

Oh ! oh !

Le voile de Tanit !... Bath ! c'est pour Folammbô *...

(Il s'approche du piédestal. Les prêtres dorment.)

Approche ! que sur toi je grimpe, camarade.

CHIPPIUS, lui faisant la courte échelle *.

Si l'on nous surprenait, ah ! quelle bastonnade !...

NAZO, arrachant le voile.

Je le tiens !...

(Il saute à terre. La statue représente une sorte de monstre noir.)

CHIPPIUS, regardant la statue.

Quoi !... Tonit... c'est ça ?...

NAZO, même jeu.

Fi ! que c'est laid !...

Je conçois qu'en public on voilàt ce portrait.

(Il se drape dans le voile.)

Maintenant, à ma belle,
Ainsi flambant, je veux surgir à sa prunelle.

CHIPPIUS, qui regarde par terre.

Doucement.

NAZO.

Laisse-moi !

* Chippius, Nazô.
** Nazô, Chippius.

CHIPPIUS.

Gare au piége odieux
De ce prêtre... artificieux !...

FOLAMMBO, rêvant.

Nazô !

NAZO.

Mon nom !...

FOLAMMBO.

Nazô !...

NAZO.

Me voilà, mon infante !

(Il s'élance vers Folammbô et marche sur un pétard qui éclate, il recule
vivement. Autre pétard. En reculant il bouscule Chippius qui le suivait
et qui, à son tour, écrase des pétards. Ils perdent la tête et sautent çà
et là. Les prêtresses se lèvent effarées.)

FOLAMMBO, se dressant sur sa couche et poussant un cri.

Ah!...

(Elle s'évanouit ; les deux prêtresses la secourent.)

NAZO *.

Folammbô! c'est moi !... mon aspect l'épouvante !...
(Grande rumeur au dehors.)

CHIPPIUS.

Alerte!... l'on accourt... décampons!...

NAZO.

Folamm...

CHIPPIUS, le tirant.

Viens !...

NAZO, résistant.

Bô!...

CHIPPIUS.

Viens...

NAZO.

Non!...

(Les gardes se précipitent.)

CHIPPIUS.

Pincés!... les gardiens!...

GARDIENS et PRÊTRES, accourant et entourant Chippius et Nazô.

CHOEUR.

Mort aux téméraires,
Mort aux mercenaires ;
Frappon-les tous deux
Pour venger nos dieux!...

---

* Chippius, Nazô.

Pendant le chœur, ils ont voulu saisir Nazô et Chippius, mais Nazô
agitant le voile sacré devant eux, ils n'ont pas osé le toucher ; et les
deux mercenaires ont profité de leur terreur superstitieuse pour s'échap-
per par la portière.)

SCÈNE IV

FOLAMMBO, LES PRÊTRESSES, LES GARDES, SHAHABAHIM.

SHAHABAHIM, éperdu.

Qu'entends-je ?...
(Regardant Tanit.)
Que vois-je ?... Tanit ?...
Tanit sans casaquin ?...

FOLAMMBO *.

Père ! un Lybien le prit !...

SHAHABAHIM.

Un Lybien !

(Observant Folammbô.)
Folammbô !... Son nom... son nom !

FOLAMMBO, tremblante.

Nazô !...

SHAHABAHIM, à part.

J'aurais gagé dix sous que c'était ce jeune homme !...
(Haut. Aux gardes et aux prêtres.)
Allons ! une autre fois vous ferez votre somme !...
(Aux gardes.)
Loignez-vous tous.
(Ils s'éloignent. A Folammbô.)
Écoute, mon bijou,
(Les prêtresses s'avancent pour écouter ; mais il leur fait signe de se retirer
et leur dit :)
C'est un secret. (A Folammbô.) Je vais te dire tout.
(Il la conduit sur l'avant-scène ; les prêtresses, les prêtres et les gardes
restent au fond.)
De Tanit le Lybien nous a floué le voile,
De Carthage on verra sous peu filer l'étoile.
Ma fille, as-tu du cœur ?...

FOLAMMBO, avec élan.

Que trop ! (A part.) Pour mon malheur !

* Shahabahim, Folammbô

SHAHABAHIM.

Tu peux nous sauver tous !...

FOLAMMBO.

Comment ?...

SHAHABAHIM.

Chez le Barbare,
Va seule et nuitamment, sans tambour ni fanfare.

FOLAMMBO.

Seule et nuitamment ?...

SHAHABAHIM.

Bravement !

FOLAMMBO, timidement.

C'est que, grand prêtre, il m'aime.

SHAHABAHIM.

Diantre !... Bah !... l'heure est suprême !...
Vas-y tout de même !
Tu lui diras : Rends-moi le voile saint.

FOLAMMBO.

S'il ne veut pas ?...

SHAHABAHIM, souriant.

Toujours la femme obtint...
Ce qu'elle voulut bien ; c'est fort connu, ma chère.

FOLAMMBO, naïvement.

Je l'ignorais !...

SHAHABAHIM.

Tant pis pour toi ; c'est ton affaire !...

AIR : *Le jour dans les Savanes.*

Ma fille, de ton maître
Suis l'avis à la lettre ;
Seule avec ce garçon,
Ne dis ni oui ni non.
Qui dit homme dit traître !
Tu ne dois, avec lui,
Crois-en bien ton grand prêtre !
Dire ni non ni oui.

En toute occasion,
On se tire d'affaire
En ne disant, ma chère,
Jamais ni oui ni non.
Il ne faut avec lui
Dire ni non ni oui.

Ni non ni oui,
Il ne faut avec lui
Dire ni non ni oui.
Ni non ni oui.
Oui !

(Folammbô remonte, il la retient et passe *.)

Attends je n'ai pas fini !...

Un oui peut compromettre,
Un non aussi peut-être ;
Sans les dire tu peux
Avoir ce que tu veux ;
Quand un farceur la guette
Sans dire non ni oui,
Une fille pas bête
Obtiendra tout de lui.
En toute occasion
On se tire d'affaire
En ne disant, ma chère,
Jamais ni oui ni non !
Enfin, à ce luron
Ne dis ni oui ni non,
Ni oui ni non!
Enfin à ce luron
Ni oui ni non,
Ni oui ni non
Non !...

(Il remonte.)

FOLAMMBO, gagnant la droite **.

Que m'a-t-il dit ? et que viens-je d'entendre ?...
J'obéirai, mais sans rien y comprendre !...

SHAHABAHIM ; il fait signe à deux petits nègres qui entrent par la portière, portant un coffret contenant des parfums ; il en prend et les passe
à Eloa, qui en inonde Folammbô. Aux prêtresses restées au fond.)

Revêtez-la de riches ornements,
De suaves parfums ; que l'odorant aro...me
Soit épandu sur elle afin que ÇA L'EMBAU...me !
N'épargnez rien, perles, rubis, brillants !...
Parez bien votre sœur, qu'elle soit magnifique,
Folammbô dans ce jour sauve la République !

(Folammbô, pendant le chœur, se dirige vers la portière ; les deux petits
nègres portent la queue de son manteau ; Eloa et Myrtis la suivent,
ses gardiens se tiennent à gauche, et quatre prêtres accompagnent le chant
avec des lyres.)

* Folammbô, Shahabahim.
** Shahabahim, Folammbô.

CHŒUR.

Folammbô, sauve Carthage!
Quitte ce temp'e, et cette nuit
Folammbô, par ton courage,
De ces maudits venge Tanit!

SHAHABAHIM, avec onction, à Folammbô, qui s'est retournée face à lui.
Avec ta vertu pour cortége,
Tu pars; que Tanit te protége,
Qu'elle éloigne de toi les périlleux hasards,
Folammbô, je te bé...
(Il fait un pas vers elle pour la bénir et met le pied sur un pétard qui
éclate; il saute et trébuche effaré.)
J'oubliais les pétards!...

REPRISE DU CHŒUR.

Folammbô sauve Carthage, etc.

(Ils accompagnent Folammbô jusqu'à la porte de gauche.)

ENTR'ACTE DU TROISIÈME TABLEAU

LE GROS MONSIEUR.
Tout cela est fort bien; mais, je ne suis pas venu ici pour
assister à des prises de voile!... Et puis, il y a une chose
que je ne comprends guère encore.

LA DAME.
Quoi donc, monsieur ?...

LE GROS MONSIEUR.
C'est l'idée de ce Shahabaham.

LA DAME.
Him ?...

LE GROS MONSIEUR.
Hein ?...

LE PETIT MONSIEUR, lui criant à l'oreille.
Him !

LE GROS MONSIEUR, colère.
Je ne suis pas sourd, monsieur !

LA DAME.

Vous dites, ham! c'est him! Shahabahim! Shahabaham, c'est dans l'*Ours et le Pacha*.

LE GROS MONSIEUR.

Possible; après ça, him ou ham, ham ou him... Toujours est-il que ce vieux Shahaba... him... en envoyant la petite chez ce pandour... Qu'en pensez-vous?... c'est dangereux, ça!

LA DAME, sévèrement.

Monsieur, Folammbô, ma sœur est une fille vertueuse...

LE GROS MONSIEUR.

C'est juste!... N'importe! avec ce farceur de Nazô, je prévois une scène un peu risquée.

LA JEUNE DAME, se levant.

Une scène risquée?.... Allons-nous-en, mon ami... allons-nous-en, je t'en prie!

ALFRED, la suivant.

Oui, oui... partons! (Au public.) Au fait... j'aime autant qu'elle ne voie pas de scènes risquées. (Ils sortent.)

LA JEUNE DAME.

Alfred!

ALFRED.

Me voilà, chère amie, me voilà!

LA DAME.

Ils ont tort... Il y a là, en effet, une fort belle scène... mais qui, espérons-le, ne passera pas les bornes... Toutefois je vous avoue qu'en ce moment, je suis assez perplexe...

LE GROS MONSIEUR.

Ah! pourquoi donc, madame?...

LE PETIT MONSIEUR.

Écoutez, on va vous le dire.

LE GROS MONSIEUR.

Ah! mais, voilà un insupportable voisin. (A la dame.) Madame?

LA DAME.

Voici: Folammbô, voyez-vous, c'est de l'histoire; or, messieurs les auteurs, ceux du Palais-Royal surtout, respectent peu l'histoire... et moins encore notre sexe en général... tenez, on a donné, ici *la Mariée du mardi gras*, pièce charmante... La preuve, c'est qu'elle a eu deux cents représentations et que je n'en ai pas manqué une... pas une!... Si quelqu'un ici a vu la pièce et qu'il ne m'y ait pas vue, qu'il le dise.

LE GROS MONSIEUR, galamment.

Ah! si je l'avais su, madame.

2.

LA DAME, *souriant et saluant.*

Monsieur!... Eh bien, dans cette pièce, il y a une artiste, une femme très-bien... des manières... un ton!... Certes, vous la rencontreriez en omnibus, au café, vous ne diriez jamais; voici une femme qui monte sur les planches...

LE GROS MONSIEUR.

Vraiment?...

LA DAME.

Jamais! jamais! Eh bien, cette artiste joue dans *la Mariée* un rôle de tante, femme très-distinguée, robe de soie avec dentelles... coiffée à la girafe... enfin, ce qu'il y a de mieux... et puis sur un bon pied dans le monde... le meilleur pied... elle en vendait... de Sainte-Menehould... une forte charcutière... Savez-vous ce qu'ils lui font dire à cette femme distinguée?... voilà : « *Mon neveu,* dit-elle, *je vous donne quatre minutes, pas un fich...* » (S'arrêtant.) Mais non je rougirais de répéter... (Avec énergie.) Voilà, voilà le langage que ces petits messieurs prêtent à une charcutière... retirée!...

LE PETIT MONSIEUR, *jouant l'indignation.*

A une charcutière!... Je proteste dans l'intérêt de *l'art*... (En voulant frapper sur la balustrade il atteint le chapeau de son voisin.)

LE GROS MONSIEUR, *furieux.*

Ah! c'est trop fort... j'en ai assez, de ce monsieur!.. (Repassant pour sortir.) Laissez-moi passer... D'ailleurs, puisqu'il n'y a pas de massacres.

LF PETIT MONSIEUR, *criant.*

Aïe!... Ah!... mais vous me massacrez, moi.

LE GROS MONSIEUR.

Allons donc!... je ne vous touche pas!... (Il sort.)

LE PETIT MONSIEUR, *le suivant.*

Il piétine mes bottines, il aplatit mon chapeau... (Il le montre.) Il me saccage des pieds à la tête... ça ne se passera pas comme ça. (Il disparaît en criant.) Il y a des tribunaux... monsieur!... je porterai plainte... (On frappe les trois coups.)

TROISIEME TABLEAU

Après l'ouverture, le rideau se lève ; on est dans la tente de Nazô. — A gauche, une table magnifiquement servie] et deux siéges. — A droite, un siége, des drapeaux, et le zaïmph dérobé à la déesse ; — porte au fond, et au pan coupé, quatrième plan à droite.

SCÈNE PREMIÈRE

AHNON, NAZO, CHIPPIUS. Ahnon devant la table ; Nazô assis à droite et plongé dans la rêverie.

AHNON [*].

La table est mise et notre coupe est pleine...
Allons, Nazô, viens-tu ?

NAZO.

Non, je ne mange pas !

AHNON, s'asseyant.

Alors, ce n'était pas la peine
De m'inviter à ton repas.

NAZO.

Sans en savoir la cause,
Ici, je m'ennuyais,
J'étais triste et morose ;
J'ai cru que tu m'amuserais.
Tu ne m'amuses pas... et pour venger mes frères
A qui le prix du sang est dû,
Que tu devais payer et qui n'ont rien reçu,
Sachant qu'à ta santé ces mets seront contraires,
Je t'ordonne à l'instant de manger tout cela :
Ce sera ma vengeance !

AHNON.

M'ordonner de faire bombance,
Par Moloch ! j'aime assez cette vengeance-là !

(On frappe à la porte.)

[*] Ahnon, Nazô.

NAZO.

Qu'est-ce donc ?...

CHIPPIUS, se tenant à la porte du fond.

Je vais voir.

(Il sort.)

AHNON.

Que cette mort est belle! ..
Qu'il est doux de mourir ainsi!...

CHIPPIUS, très-agité, bas à Nazô*.

Maître! maître! c'est elle!

NAZO, qui a remonté.

Elle, dis-tu? mais elle, qui?...

CHIPPIUS.

Folammbô !

NAZO.

Folammbô !...

AHNON, à la table.

Par où commencerai-je?
Si j'attaquais ce petit chien ?...
Au marc d'olive... ou bien...

NAZO, à Ahnon, le tirant par le bras.

Va-t'en!...

AHNON.

Plait-il?...

NAZO.

Allons, lève le siége!...

AHNON.

Sans avoir diné? Non!

(Se cramponnant à la table.)

Je veux mourir d'une indigestion !

(Nazô le saisit à bras le corps, le jette dans la coulisse par la porte, troisième plan à droite. Il le fait disparaître avec un coup de pied. Ahnon
emporte le petit chien servi sur la table.)

NAZO, à Chippius.

Fais entrer...

(A lui-même.)

O destins bizarres!...

CHIPPIUS, sortant.

Seule avec lui dans ces lieux!...

(Il sort.)

*Ahnon, Nazô, Chippius.

SCÈNE II

NAZO, FOLAMMBO.

NAZO.

Toi!... Que viens-tu chercher dans le camp des Barbares?..

FOLAMMBO.

Le zaïmph!

NAZO.

Le zaïmph!...

FOLAMMBO.

Rends-le moi, je le veux!...

Air de *L'âme en peine.*

A lui Carthage attache sa fortune ;
Il ne doit pas rester en ton pouvoir ;
Ce voile épais qui dérobait la lune,
Que nul mortel ne devait jamais voir !

NAZO, avec passion.

Pour toi, Nazô, quelle bonne fortune!...

FOLAMMBO.

Depuis le jour où dans Carthage, hélas!
Ah !... ah !...
A tous les yeux peut paraître la lune,
Mon front rougit : ne le comprends-tu pas?
Rends-moi, rends-moi le voile de la lune,
Ou qu'il te serve à voiler mon trépas!...

NAZO, parlé.

Mais non, mais non, la belle fille...
Et tout peut s'arranger si vous êtes gentille.
Prêtresse de Tanit, noble enfant d'Arriv'tar,
Merveille de Carthage
Je t'offre un Balthazar!
A festoyer, sans façon, je t'engage

FOLAMMBO, cherchant.

Festoyer!... Balthazar?... J'ignore ce langage...

NAZO.

Consens-tu ? parle donc.

FOLAMMBO, à part.

Shahabahim m'ordonne
De ne dire ni oui ni non.

NAZO.

Qui ne dit mot consent: donc, à table, mignonne!

(Il s'assied.)

FOLAMMBO, s'asseyant.
Vous le voulez? à table me voici!...
(A part.)
Mais, je n'ai dit ni non ni oui!...

DUO.

AIR *nouveau de M. Robillard.*

NAZO.
Tin, tin, tin,
Vois comme elle est jolie,
Cette coupe remplie
De ce vin
Divin ,

FOLAMMBO.
Tin, tin, tin.
Ah ! comme elle est jolie,
Cette coupe remplie
De ce vin
Divin !...

ENSEMBLE.
Tin, tin, tin, tin, tin, tin,

NAZO.
Vive l'ivresse et la folie!

FOLAMMBO.
Que cette liqueur est jolie !

ENSEMBLE.
Tin, tin, tin, tin, tin, tin,
Est-il un plus charmant refrain?...

NAZO.
Allons, bois ceci.

FOLAMMBO.
Je ne dis pas oui.

NAZO.
Tu refuses donc !

FOLAMMBO.
Je ne dis pas non !
(Elle boit.)

NAZO.
C'est du vin d'Aï.

FOLAMMBO.
Je ne dis pas oui !...

NAZO.
Le trouves-tu bon ?

FOLAMMBO.
Je ne dis pas non !

Que cette liqueur est jolie !...
Est-il un plus charmant refrain?

ENSEMBLE.

Tin, tin,tin, tin, tin, tin,
Est-il un plus charmant refrain?   (*Ter.*)

FOLAMMBO, se levant ainsi que Nazô, la coupe en main.

O Tanit ! comme elle est douce,
Cette liqueur qui me brûle et qui mousse!...
En boire, est-ce enfreindre ta loi ? (*Bis.*)
Elle scintille, elle petille !
Elle picote, elle émoustille !
Tanit ! Tanit ! pardonne-moi!
Mais j'en boirais, j'en boirais malgré toi!...

Tin, tin, tin,
Ah ! comme elle est jolie,
Cette coupe remplie
De ce vin
Divin !

NAZO.

Tin, tin, tin,
A toi, fille jolie,
Cette coupe remplie
De ce vin
Divin !

EMSEMBLE.

Tin, tin, tin, tin, tin, tin,
(A la fin du duo, Folammbô jette sa coupe à terre.)

SCÈNE III

LES MÊMES, CHIPPIUS.

CHIPPIUS*, accourant du fond.

Alerte ! maître, alerte!... on va nous massacrer!...

NAZO, remontant.

Qu'entends-je ?

CHIPPIUS**.

L'ennemi du camp va s'emparer !

NAZO.

Aux armes donc, Chippius!...

(Ils sortent par le fond.)

FOLAMMBO, voyant le zaïmph à droite.

Le zaïmph !...

(Elle s'élance pour le prendre et casse sa chaînette).

* Nazô, Chippius, Folammbô.
** Folammbô, Nazô, Chippius.

Ciel!... j'ai cassé ma chaînette!...

(Elle prend le zaïmph.)

LA DAME, dans la salle.

Elle a cassé sa chaînette!... que dira Shahabahim? Je vais
lui en acheter une autre, moi!...

(Elle sort vivement.)

FOLAMMBO, venant en scène, gaiment.

Je n'ai plus de chaînette!... Ah! comme c'est heureux!...
C'est plus léger, et je cours beaucoup mieux!

(Elle court au fond.)

SCÈNE IV

LES MÊMES, SHAHABAHIM.

SHAHABAHIM, entrant du fond*.

Folammbô!

FOLAMMBO, lui montrant le Zaïmph.

Le zaïmph!...

SHAHABAHIM.

     Quelle noble conquête!
Ma fille, grâce à toi la victoire est complète!
  Nazô ce dangereux gredin,
  Dangereux surtout par ses charmes,
Vient d'être pris sans une arme à la main;
Et, c'est quand il fut seul à combatre sans armes
Contre cinquante mille hommes, qu'en un moment
On parvint à le prendre assez facilement.

(Il remonte.)

FOLAMMBO, à part.

Il est pris! adieu toute espérance!

AHNON, entrant du fond.

Le prisonnier s'avance.

(Pendant le chœur suivant, le cortége paraît, Ahnon à la tête, suivi de son
petit nègre. Un Carthaginois porte un poteau; derrière lui, un autre
porte une bannière sur laquelle Nazô est représenté pendu à une potence,
au-dessus est écrit ASPICE NAZO PENDU! Tous après avoir défilé,
se rangent à droite et à gauche; on plante le poteau et on y attache
Nazô, qui est entré en suivant la bannière conduit par deux Carthaginois.

* Shahabahim, Folammbô.

CHOEUR.

(Pendant lequel on attache Nazô au poteau.)
Voilà ce fameux mercenaire,
De mille forfaits convaicu ;
Il faut punir le téméraire
Que Carthage a vaincu !

FOLAMMBO, à part.
Cet homme je l'adore !...

UN GARDE.
Frappez !...

FOLAMMBO, à part.
Qu'il est donc beau !...

NAZO, recevant des pichenettes.
Frappez ! frappez encore !
C'est pour ma Folammbô !...

REPRISE DU CHOEUR.

Voilà ce fameux mercenaire.

(Le chant est interrompu par la dame de la salle.)

SCÈNE V

LES MÊMES, LA DAME de la salle se précipitant sur le théâtre.

LA DAME*.
Arrêtez ! arrêtez !... Nazò, intéressant Nazô, permettez
que je brise vos fers !...

NAZO, attaché au poteau.
Mais non ! mais non !... j'ai compromis Folammbô, il
faut que j'expire pour expier....

LA DAME.
Tu n'expireras pas et tu n'expieras rien !...

TOUS.
Qu'entends-je ?... (On détache Nazô.)

LA DAME, à Folammbô *.
Dans mes bras, Folammbô !...

(Regardant la salle *.)
Ah mais ! comme d'ici, l'on voit la salle-en-beau !

---

* Shahabahim, Folammbô, Nazò, la Dame, Chippius, le petit
nègre.
** Shahabahim, Folammbô, la Dame, Nazò, Chippius.

FOLAMMBO.

Un calembour ?...

NAZO.

Ça l'embête !...

SHAHABAHIM.

Hâtez-vous, ça lambine.

LA DAME.

Voilà !... (A Folammbô.) J'ai rencontré notre père, ô ma sœur !..
je me suis jetée à ses pieds... ses entrailles se sont émues,
tout est changé... Cours, m'a-t-il dit, cours !... (Très-vive-
ment.) Folammbô aimant Nazô !... Nazô aimant Folammbô !
qu'on unisse Nazô à Folammbô qui aime Nazô !... et Folammbô à Nazô qui aime Folammbô !...

SHAHABAHIM.

Quel salmigondo !... (se reprenant) gondis !... c'est gondis
qu'on dit !

LA DAME, unissant Nazô à Folammbô *.¹

Enfants ! je vous unis !...

CHŒUR FINAL.

Air de *Robillard*. (Même air que celui du duo.)

NAZO.

Tin, tin, tin, tin,
Cloches du mariage,
Quand l'hymen nous engage,
Tintez pour notre hymen !...

FOLAMMBO.

Tin, tin, tin, tin,
Quand l'hymen nous engage
Tin, tin, tin, tin,
Tintez pour notre hymen !

CHŒUR.

Tin, tin, tin, tin.
Pour fêter ce doux mariage,
Tin, tin, tin, tin,
Cloches, tintez jusqu'à demain !

FOLAMMBO, au public, d'un air inspiré.

O Tanit ! quand cet ouvrage
Transporte ici le public à Carthage,
J'invoque et j'implore tes lois (*Bis.*)

* Shahabahim, la Dame, Folammbô, Nazô, Chippius.

Lune suprême!
Fais qu'ici même
Le public m'aime
Comme je t'aime,
Tanit, Tanit, divin flambeau,
Ce soir encore, ô Tanit, protége Folammbô!

REPRISE DU CHŒUR.]

Tin, tin, tin, tin,
Etc., etc.

FIN

Imprimerie de L. TOLMON et Cie, à Saint-Germain.